5492
L.y.e.

Ye

9890

ESSAIS

DE

POÉSIES LÉGERES,

Suivia d'un Songe.

PAR MM. LABLÉE ET MARÉCHAL.

A GENEVE.

M. DCC. LXXV.

ÉPITRE

DÉDICATOIRE

A ZAÏS.

A MES Vers négligés , toi que j'ai vu fourire ;
Ma ZAIS, que ton nom leur donne un plus beau jour !
Tu le veux , c'eft pour toi que je monte ma lyre ;
C'eft pour toi que fouvent je parle de l'Amour.

CE Dieu, fi je l'ai peint , c'eft d'après ton image ;
Mon Art, je l'ai puifé dans tes yeux, dans mon cœur;
Apôtre du plaifir , content de ton fuffrage ,
Je néglige la gloire , & crains peu le Cenfeur.

AVERTISSEMENT. *

LES petites Piéces que je donne au Public
ne lui étoient point deftinées. Faites fans
prétention, fruit de la fenfibilité plutôt que
du fçavoir, elles auroient toujours été igno-
rées, fi, encouragé par mes amis, je n'a-
vois pris la réfolution de continuer dans un
genre qui me plaît, & dans lequel, pour
réuffir, il faut moins d'efprit que de fentiment.

C'eft donc uniquement pour preffentir le
goût du Public, que je lui offre ces Opuf-
cules. C'eft auffi dans cette vue que M.
MARÉCHAL, jeune Auteur déja connu par
quelques Piéces fugitives, inférées dans les
Journaux de Paris, s'eft joint à moi. Sans
prévenir fur le mérite de fes Piéces, j'avan-
cerai de bonne foi que je les regarde comme
faifant la meilleure partie de mon Recueil.

La Piéce en profe qui le termine, eft le
début d'un jeune Auteur qui veut être inconnu. C'eft un de ces Ouvrages d'imagi-

* De M. LABLÉE.

nation qui ont fur-tout befoin d'indulgence, & ne pourroient fupporter l'œil de la critique : leur mérite, le plus fouvent, eft dans le ftyle. Si l'Auteur anonyme a quelque prétention , c'eft uniquement de ce côté-là. Il efpere qu'on ne relevera pas la liberté , peu dangereufe , du fond de fa Piéce ; liberté qui fe trouve dans nos plus jolis Contes , & fans laquelle cependant on pourroit amufer. Engagé par l'occafion à peindre la volupté des fens, il l'a fait fans en être l'apologifte ; il a tâché de la montrer avec des couleurs qui en dérobaffent feulement les défauts ; il a voulu plutôt l'embellir que la rendre aimable : affez délicat dans fes goûts pour lui préférer cette volupté plus exquife, ce fentiment délicieux, qu'on nomme *Amour*, qui feul donne de vrais plaifirs, & à la peinture duquel les jeunes Auteurs devroient confacrer leurs talens.

J'ai toujours été choqué de voir, dans nos Recueils, des Piéces de différens genres réunies. La morale auftere y parle à côté du badinage licencieux ; la froide érudition s'y trouve près du fentiment ; le bel-efprit

y fait taire la Philofophie, & le ton polé-
mique domine fur tout.

Un autre défavantage non moins fenfible,
eft l'inégale valeur des Ouvrages d'un trop
grand nombre d'Auteurs. Un Editeur com-
plaifant peut trouver, dans cet informe
affemblage, une agréable variété; un con-
noiffeur difficile n'y voit fans doute qu'une
bigarrure très-défagréable. En vain préten-
droit-on juftifier cet ufage par la commo-
dité du choix : pour choifir dans une collection de Piéces nouvelles, il faut au moins
les avoir parcourues; & alors le dégoût
devient néceffaire.

J'ai donc penfé que, guidé par un autre
efprit, éloigné des cabales littéraires, &
exempt de toute partialité, un Editeur mo-
defte plairoit au Public, en lui préfentant
un Recueil d'Ouvrages du même genre, &
de peu d'Auteurs, déja connus favorable-
ment. Nous n'avons pas même encore une
bonne collection de ces Poéfies fugitives,
que la vérité du fentiment, l'expreffion naïve
de la gaieté, ou le tableau riant des fcenes
champêtres rendent précieufes, & qui font
diftinguées par le goût & le naturel des

nombreux Opuſcules dont le public eſt inondé. Ces productions du moment, négligées par des Auteurs qui ne fondent pas ſur elles leur réputation, & déplacées par des Libraires avides, gagneroient beaucoup à être bien préſentées.

C'eſt la tâche que je me propoſe de remplir, ſi mes Eſſais jouiſſent d'un accueil favorable. Iſolé dans une Province, ſans aucune eſpece de prévention, aidé ſeulement dans ce deſſein, par une Société de Gens de Lettres, à laquelle je ſuis attaché, il ne me manque peut-être qu'un goût plus fin pour m'acquitter heureuſement de ce projet: le Public ſera là-deſſus mon Juge. Comme le plaiſir, plutôt que la vanité, guide mes occupations, je me ſoumettrai ſans peine à ce qu'il aura décidé.

ESSAIS

DE POÉSIES LÉGERES.

COUP D'ŒIL

Sur des Fêtes de Société.

C'est toi qui diriges ces jeux,
Vanité, Déesse frivole ;
Du plaisir tu montres l'idole ;
Tu séduis, tu trompes les yeux.
 Pour captiver notre suffrage,
La beauté s'offre sous l'image
La plus dangereuse à nos cœurs ;
Iris lui prête ses couleurs ;
Les Grâces, leur gentil corsage ;
Vénus, ses charmes enchanteurs ;
Cupidon, son doux badinage ;
Flore, ses plus tendres odeurs ;
Apollon, son divin langage,
Et Terpsichore, ses faveurs.

Un effain de Filles jolies,
Au milieu des jeux & des ris,
Reçoit un nouveau coloris:
Il porte à nos ames faifies
Le feu dont fait brûler Cypris.
Sous une voûte parfumée,
L'amour, de la beauté charmée,
A rendu le front moins ferein;
Il eft fur fa bouche enflammée,
Il fourit aux fleurs de fon teint,
On voit comme elle eft animée
Aux foulevemens de fon fein.

Contre la raifon tout confpire;
Le cœur fe plait dans le délire;
Mais fi la réflexion fuit,
Soudain le voile fe déchire,
Et le charme s'évanouit.

Toi qui ne vois que des furfaces,
Ce fpectacle peut t'amufer;
Moi, fi je reconnois les Grâces,
C'eft à leur façon de parler.
Sur l'aîle du tendre myftere,
Elles ont fui de ce féjour;
Sans doute pour faire leur cour
A quelque naïve Bergere.
Ici l'on veut les imiter:
D'abord j'ai cru les reconnoître:
Si l'on eût fçu moins affecter,
Cette erreur eût duré peut-être.

L'éclat ne féduit pas mon cœur.
En vain la beauté me déploie

Son incarnat & sa fraîcheur ;
En vain son front m'offre la joie ,
Et son œil m'invite au bonheur :
Si , sans goût , sans délicatesse ,
Elle veut plaire à ce Crésus ,
Sans talens comme sans vertus ,
Dont le faste importun me blesse ;
Si l'esprit & la politesse
Lui sont des titres inconnus ;
Si , lorsque sa bouche s'entr'ouvre ,
Il en sort d'ennuyeux propos ;
Ou si dans chacun de ses mots
Un vil intérêt se découvre ;
Revenu des premiers transports ,
Je vois s'éloigner le prestige ,
Et ne trouve plus qu'un beau corps
Où je soupçonnois un prodige.

    Quand l'œil est satisfait de voir
Le groupe des aimables Fées ,
L'esprit curieux veut sçavoir
Comment elles sont animées ,
Et quel secret les fait valoir.
Bientôt il n'est plus de mystere.
Jour funeste ! Un objet nouveau....
Lise , séduisante Bergere ,
A pris les traits d'une Mégere....
Là - dessus tirons le rideau :
On sçait qu'il est plus d'un tableau,
Quand on approche la lumiere,
Qui n'a pas un effet si beau.
    La jeune Eglé vient de sourire:

Elle tend un piége à Lindor.
Lindor eſt riche : elle deſire
Qu'il mette à ſes pieds ſon tréſor.

Tu veux ſçavoir quelle magie
'Attire au fortuné Damis
Tant de faveurs de nos Iris ;
Elles en ont fait leur folie.
Eſt-ce l'homme le plus charmant ?
Rien moins. Regarde ſa parure :
Dans cette éclatante dorure
Eſt renfermé le taliſman.

Lorſque Zémire complaiſante
Montre à chacun la même ardeur,
Doit-on la croire obéiſſante
Aux doux mouvemens de ſon cœur ?
Non : ſa vanité veut nous plaire
Sous l'envelope de l'amour.
Elle trompe ; mais peu ſincere,
Chaque amant la trompe à ſon tour.

Dans Laure, qui jamais ne penſe,
On aime un maintien grâcieux,
Un doux ſourire, de beaux yeux :
Moi ſur-tout j'aime le ſilence.

Léandre eſt bien fait. Quand il danſe
On le trouve plein d'agrémens ;
On admire ſon élégance,
Son attitude, ſon aiſance,
Et ſon reſpect pour la cadence,
Et ſes plus légers mouvemens ;
Chacun lui porte ſon encens :

Il se croit homme d'importance.
Ne lui disputons ses talens,
Messieurs; il n'a d'autre science :
D'aujourd'hui son regne commence ;
Pensez-vous qu'il dure long-temps ?

Atis est aimé de Glycere :
Il en est bien venu par-tout ;
Mais il est toujours de son goût :
Comment pourroit-il lui déplaire ?

Dorval, de lui-même enchanté,
Fait des mines , & puis se mire
Dans l'œil d'une jeune beauté :
Si l'objet daigne lui sourire,
Il s'en détourne avec fierté,
Et cherche d'un autre côté
Une autre dupe qui l'admire,
Lui dit un mot, & se retire.
Un sot orgueil brille en ses yeux ;
Tant qu'on s'efforce de lui plaire ;
Mais si, plus sage, on lui préfere
Un amant plus respectueux,
Alors il va porter dans l'ombre
Le dépit qui l'a pénétré,
Ou d'un regard farouche & sombre
Fixe le rival préféré.

Damon, favori de nos Belles,
Dit par-tout, d'un ton indiscret,
Qu'il n'en trouve point de cruelles,
Je garderois mieux le secret,
Si j'étois de même avec elles.

O brillantes Sœurs des Amours !
Enfans; gâtés de Cythérée,
Sexe puiſſant, troupe adorée,
Qui faites naître les beaux jours !
Si vous deſirez un ſuffrage
Que la raiſon puiſſe avouer ;
Si vous demandez un hommage
Que le temps ſçache reſpecter ;
D'un eſprit faux, d'un cœur volage
Rejettez le profane encens,
Et les tributs aviliſſans
Qui viennent du libertinage.
Faites un peu moins d'étalage
De vos fragiles agrémens ;
Prodiguez moins ces riens charmans ;
Souvent votre plus beau partage ;
L'eſprit, les mœurs & les talens
feront éclater davantage
Les roſes de votre printemps.

J'aime une Beauté que décore
L'air ingénu de la pudeur,
Qui rit de ma timide ardeur,
Et ne ſoupçonne pas encore
Ce qu'Amour réſerve à ſon cœur;
Sa vertu modeſte & craintive
Méconnoît encor ces détours,
Dernier & trop foible recours
De l'innocence fugitive :
Sa candeur, ſa naïveté
Peignent la noble pureté,
La douceur de ſon caractere ;

Sans imposture & sans deffein,
Elle a l'heureux talent de plaire.
Teint de rose, œil vif, front serein,
Bouche aux jolis mots familiere,
Voix flatteuse, sourire fin,
Cou d'albâtre, taille légere,
Pied mignon, grâcieux maintien,
Air folàtre, cœur de Bergere....
Graces à ma Muse sincere,
Voilà ton fidèle portrait,
ZAIS : pourroit-on mieux le faire?
C'est par ton ami qu'il est fait.
Pareille à la nouvelle aurore,
Lorsque tu parois dans ces lieux,
Un doux éclat brille en tes yeux,
Ton front de vermeil se colore,
La fête est plus riante encore,
Tu rends tous les cœurs amoureux.
Sans toi, fille aimable & jolie,
J'y serois bien moins satisfait :
C'est auprès de toi que j'oublie
Ce que ton sexe a d'imparfait.

IMITATION

DE LA PREMIERE IDYLLE

DE M. GESSNER.

MA Muse aime à parler de l'amour, de ses jeux;
  L'art d'emboucher la trompette guerriere
    Tente peu son goût paresseux.
Compagne des Bergers, elle chante avec eux:
    Elle est timide, elle est légere;
    Sa flute en main, sur la fougere,
Elle fuit des combats le spectacle odieux.
    Séduite par le doux murmure,
La fraîcheur, les détours, le crystal des ruisseaux;
    Le silence de la Nature
    Et l'obscurité des berceaux,
  Elle se plaît à fouler la verdure
    Auprès d'un lac bordé par des roseaux.
Sous un dais transparent de mobiles rameaux,
Dont un vent curieux entr'ouvre les feuillages;
Elle effleure en marchant l'émail & l'incarnat
D'un tapis chamarré, que de jaloux ombrages
    Privent de son plus vif éclat;
Ou bien sur le gazon mollement étendue,
    Elle médite d'heureux chants,
Pour toi seule, ô Daphné! toi dont l'ame ingénue
A la sérénité des beaux jours du Printemps.

Dès

Dès le réveil de l'aurore,
On voit Zéphir careffant
Un bouton frais & naiffant,
Que fon fouffle fait éclore :
C'eft ainfi qu'on voit voltiger
Sur ta bouche vermeille, & fur ton fein d'albâtre ;
De la gaîté le fourire folâtre ;
Tel le plaifir va fe jouer
Dans tes beaux yeux que j'idolâtre.

Daphné, je m'en fouviens, avant que ton ami
Eût reçu de toi-même un titre fi chéri,
L'avenir m'effrayoit ; une peine fecrette,
Le dégoût me fuivoit au fein de ma retraite....
Un feul mot de ta bouche a fini ma douleur ;
Le deftin plus riant à mes yeux fe déploie,
J'y lis notre commun bonheur ;
Chaque jour je fens que la joie
Devient plus vive dans mon cœur.
Puiffent les chants que ma Mufe naïve
Répete d'après les Bergers,
Porter dans ton ame attentive
La douce émotion & les defirs légers.
Souvent cette Mufe indifcrette,
Du fein d'un bois fe fait une retraite,
Pour voir auprès d'une Dryade en pleurs,
Un Satyre amoureux lui chantant fes ardeurs.
Dans une grotte, auprès d'une onde pure,
Où vont fe réfléchir de tendres arbriffeaux,
Elle guette entre les rofeaux
Une Naïade fans parure ;
Ou bien vifite un toit de mouffe couronné,

B

D'arbres touffus environné
Par les foins de l'homme fauvage :
De cet afyle elle revient plus fage,
A fes yeux la vertu brille de plus d'attraits ;
    C'eft-là qu'elle puife fes traits
        Qui lui font chérir davantage
        L'heureufe innocence & la paix.
Souvent auffi l'Amour vient la furprendre,
Tantôt dans un réduit où pénetre un jour tendre
        A travers ces rameaux épais,
        Que la Nature fit exprès,
        Et qu'elle fe plût à fufpendre,
Pour dérober aux Dieux les mortels fatisfaits ;
        Tantôt près d'une fource vive,
        Dont la diaphane beauté
        Reçoit le deffein répété
        Des faules qui font fur la rive.
Quelquefois il fourit aux charmes de fes chants.
Du myrthe & du laurier mariant la verdure,
Il daigne en couronner fa blonde chevelure
        Qui flotte à replis ondoyans,
        Quand elle exprime en fes accens
Ce trouble, ces tranfports, cette volupté pure
        Qu'éprouvent de jeunes amans.
        O ! fi les accords de ma lyre
    Vont raifonner au cœur de ma Daphné,
        L'unique prix que je defire
        Eft d'être affis à fon côté,
    Et de la voir approuver d'un fourire
        Un air par l'amour inventé.
Que celui dont le cœur fe dérobe à l'empire

Du fentiment qui feul me rend heureux,
 En cadençant des tons harmonieux,
  A la gloire immortelle afpire ;
Que la poftérité, des plus brillantes fleurs ,
  Couvre fa tombe précieufe ,
Et que , pour conferver leurs parfums enchanteurs,
De lauriers toujours verds l'ombre délicieufe
  Y porte de vives fraîcheurs ;
  Moins ambitieux , & plus fage ,
Mon cœur , par cet éclat ne peut être abufé :
  Ma Daphné, fi j'ai ton fuffrage,
  Ne fuis-je pas récompenfé ?

LE SOMMEIL
DE LA BERGERE.
ROMANCE.

'Air : *L'Amour m'a fait la peinture*, &c.

DANS un réduit folitaire,
Au déclin du plus beau jour ,
Le fommeil , fur la fougere ,
Careffoit une Bergere ,
Qui reffembloit à l'Amour.

C'étoit la faifon où Flore
Fait refpirer fes odeurs :
Je touchois à mon aurore ;
Mon cœur n'avoit point encore
Du Dieu connu les douceurs.

J'avance d'un pas timide
Vers cet afyle fecret.
Mais fi l'Amour y préfide.....
Je veux fuir ; ce Dieu perfide
Me fait regarder l'objet.

Qu'ai-je à craindre ? c'eft Glycere,
Zéphir, d'un foufle badin ,
Leve une gaze légere ,

Et fait jouer la lumiere
Sur l'albâtre de fon fein.

De ces deux boutons de rofe
Que l'éclat eft féduifant !
De cette bouche mi-clofe,
Où la volupté repofe,
Que le corail eft touchant !

Sans doute un fonge l'agite ;
Elle vient de treffaillir.
Si c'eft l'amour qui l'excite....
Mon cœur s'émeut, il palpite,
Et de crainte & de plaifir.

Que dans cette négligence
Une Bergere a d'attraits !
Long-temps j'admire en filence,
Mais déja la nuit s'avance,
Et ramene un air plus frais.

Dieux ! quelle volupté pure !
Flore a parfumé ces lieux.
L'ombre devient plus obfcure,
Tout fe tait dans la Nature,
Tout eft propice à mes feux.

Faut-il quitter la Bergere
Sans avoir pris un baifer ?
Je veux être téméraire :
L'Amour & le doux myftere
Me difent de tout ofer.

J'héfite encor, je friffonne:
Au trouble que je reffens,
Amour, fi je m'abandonne,
Fais que Glycere pardonne
Au plus tendre des Amans.

Il applaudit : la Bergere
Soudain s'éveille en mes bras.
La frayeur & la colere
Lui font appeller fon pere ;
Mais fon pere ne vient pas.

O toi que mon cœur adore,
Belle, calme ton effroi !
Un feu cruel me dévore.
Ah ! fi tu pouvois encore
Le partager avec moi !

Vois l'émail de la prairie
Careffé par le Zéphir ;
L'Amour lui donne la vie,
Et la Nature embellie,
Ne l'eft que par le plaifir.

Ma Glycere ! à fon empire
Ne dérobe pas ton cœur.
Dieux ! enviez mon délire :
La Bergere, d'un fourire,
Vient d'approuver mon ardeur.

Ah, Lindor ! s'écria-t'elle,
Trop aimable féducteur

Si tu veux m'être fidèle,
Malgré ma douleur mortelle,
Je te donnerai mon cœur.

Une foible réſiſtance
Suſpend encor nos plaiſirs;
Pour gagner ſon innocence,
L'Amour met d'intelligence
Mes tranſports & ſes deſirs.

De l'ivreſſe où Cythérée
Livre les amans heureux,
Je prolonge la durée,
Et de la voûte éthérée
L'Amour ſourit à nos feux.

Déja l'aube renaiſſante
A doré l'azur des Cieux:
Dans les bras de mon amante,
Je la trouve plus touchante:
Elle me voit plus heureux.

APRÉS UNE PLUIE.

IMITATION d'une petite Piéce d'un Berger de Siléfie.

Dieu bienfaifant ! reçois l'hommage d'un Pafteur :
Tu viens rendre à nos champs l'éclat & la vigueur.
Déja de mes agneaux la troupe moins timide,
Aime à voir l'eau couler de fa toifon humide.
Comme ils foulent encor le gazon humeété !
Comme le trefle plaît à leur goût excité !
Il n'a plus de pouffiere, & l'herbe eft rafraîchie ;
La fleur qu'elle cachoit s'éleve plus jolie ;
Les rayons du Soleil n'ont plus la même ardeur,
Et ne fatiguent plus les yeux du Voyageur :
Dans fa marche il jouit d'une ombre falutaire :
O mon Dieu ! mon hommage eft foible, mais fincere.
Veille fur mon deftin, fois propice à mes vœux.
Si le Soleil trop vif me brûle de fes feux,
Tranquille, j'attendrai ton ombre bienfaifante
Qui doit couvrir enfin mon ame impatiente.

L'OISEAU,

O U

LE PROJET INUTILE.

CHANSON.

Air : *Lifon dormoit dans un bocage.*

Un jour Milon dans un bocage
Avoit pris un joli moineau :
Faifons, lui dit-il, une cage,
Vîte il le met fous fon chapeau.
Il court, il coupe en diligence,
Aux ofiers qui font près de-là,
Un brin par-ci, un brin par-là :
Puis il s'arrête, & puis il penfe
Qu'à fa Colette il offrira
Le bel oifeau qui l'attend là.

Je veux à ma belle Maîtreffe,
Ami, te porter au retour :
Une bagatelle intéreffe
Quand elle eft le don de l'Amour.
Je prendrai pour ma récompenfe,
A ma Colette qui rira,

Baifer par-ci, baifer par-là :
Un, deux, trois, bon ! bon ! quand j'y penfe,
Le cœur me bat, il fent déja
Le plaifir que ça lui fera.

L'heureux berger faute d'avance ;
Sous fon bras il met fon faifceau :
Plein d'amour & d'impatience,
Vîte il retourne à fon oifeau.
Un vent jaloux, fur la fougere,
A l'inftant qu'il arrive là,
Jette par-ci, jette par-là
Le chapeau : Milon défefpere.
Avec fon oifeau qui s'en va
Les baifers font bien loin déja.

VERS

A M. MARÉCHAL,

Qui avoit lu en société une Épitre morale.

Vous qui publiez les leçons
D'une faine Philofophie,
Dans un âge où l'on ne publie
Communément que des chanfons :
Vous qui dans la foule incommode
Des femmes & des Beaux-efprits,
Parlez des mœurs, malgré la mode,
Et montrez un cœur à Paris ;
Pour votre fublime langage
A plaifir on vous a claqué :
Souffrez qu'un nouveau débarqué
Vous rende à préfent fon hommage.
Les complimens ne lui vont pas :
Il eft fot quand il en veut faire ;
Mais il en fait peu d'ordinaire,
Et fauve de tout embarras
L'homme d'efprit qui fçait lui plaire.
Ainfi n'attendez pas de moi,
Malgré l'impreffion magique
De votre Œuvre philofophique,
Une infraction à ma loi :

Partant je dis fans flatterie,
Ce que de vous j'aime le plus
N'eft pas votre brillant génie,
Mais votre ton de modeftie,
Et votre goût pour les vertus.

ODES
ANACRÉONTIQUES,
PAR M. MARÉCHAL.

PROLOGUE.

DANS une ignorance profonde,
Sans plaisirs, sans vertus, sans loix,
L'homme, dans l'enfance du monde,
Traînoit ses jours au fond des bois.

L'Amour, pere de l'industrie,
Lui fit changer tout l'Univers ;
Lui donna même du génie,
Et le Sauvage fit des vers.

Les Arts, enfans de la tendresse,
Ont leur germe dans notre cœur....
Un sourire de ma maîtresse,
Un baiser me rendit Auteur.

ODE I.

A MA MAITRESSE FUTURE.

QUELS lieux ont vu naître tes charmes,
Toi que je dois aimer un jour?
Quand viendras-tu fécher mes larmes?
Quand t'attendrirai-je à mon tour ?

Mon cœur au-devant de fa chaîne
Court fans pouvoir être arrêté ;
Un autre prendroit moins de peine
A fortir de captivité.

Dans la faifon où l'on recueille,
En vains defirs je perds le temps :
Dans l'Automne tombe la feuille ;
Je deffèche dans mon Printemps.

Privé de l'onde bienfaifante
D'un ruiffeau que le vent tarit,
Tel, courbant fa tête mourante,
Un lys, jeune encor, fe flétrit.

Le fpectacle de la campagne
A mes yeux eft indifférent ;
Il me faudroit une compagne
Pour me le rendre intéreffant.

Un befoin preffant me dévore ;
Quelque chofe manque à mon cœur.

Près d'un feul objet.... que j'ignore,
L'Amour me promet le bonheur.

A le chercher, à le pourfuivre,
J'ai déja perdu bien des jours.
Je mourrai donc avant de vivre ;
Car peut-on vivre fans amours ?

De ma jeuneffe languiffante,
Si la mort éteint le flambeau,
Les larmes d'une tendre amante
N'arroferont pas mon tombeau.

Quels lieux ont vu naître tes charmes,
Toi que je dois aimer un jour ?
Quand viendras-tu fécher mes larmes ?
Quand t'attendrirai-je à mon tour ?

VERS

En réponfe à l'Ode précédente.

SI n'avez point encor tendre amourette,
De tel repos, beau gars, n'ayez fouci :
Trop tôt viendra jour piteux, où fillette
A vous pauvret fera crier merci.
Le fçais par moi ce que vous dis ici :
Tout comme vous defirai Bachelette,
Qui bien m'aimât, que bien aimaffe auffi ;
Or, que m'eft-il provenu de ceci ?
Pleurai long-temps, long-temps contai fleurette,
Et puis au bout,.... fuis devenu mari.

ODE II.

A MON PORTIER.

DE ma maison gardien fidèle,
Toi dont les plus riches cadeaux
N'ont jamais corrompu le zèle,
Voici ta consigne en deux mots.

Chez moi si l'aveugle fortune
Par hasard un jour veut entrer ;
Si l'ambition importune
Jusques à moi veut pénétrer ;

N'ouvre point. Toujours à leur suite
Sont les crimes & les soucis ;
Elles mettroient bientôt en fuite
Le bonheur, la paix & les ris.

A la porte s'il se présente
Un bel enfant au doux souris,
Dont la voix est intéressante,
Le jeune Amour, fils de Cypris ;

Ami, reçois bien sa visite ;
C'est pour notre bonheur commun.
A toute heure, ouvre lui bien vîte ;
L'Amour n'est jamais importun.

Si la sagesse avoit envie
De me parler ; sans la chasser,
Dis-lui que ton Maître la prie
D'attendre, ou bien de repasser.

ODE

ODE III.

LES BAISERS.

Donné-moi, Thémire, un baiser,
Non de ces baisers de famille,
Qu'à sa mere pour l'appaiser
Prodigue la discrette fille,
Quand elle convoite un époux ;
Non de ces baisers d'hyménée,
Que pour les maris d'une année
L'habitude rend si peu doux ;
Non de ces baisers d'étiquette,
Que l'on se donne à certain jour,
Et qu'à certain jour on répete :
Donne-moi des baisers d'amour.

ODE IV.

LA CURE MERVEILLEUSE.

Une fillette de quinze ans
Ressentoit le mal de son âge ;
Mal qui tourmente la plus sage,
Mal que guérissent les amans.

Près de notre belle souffrante
Un Docteur vint avec son fils,

C

Et d'une main féche, tremblante,
Saifit un bras plus blanc que lis.

Puis du pouce preffant l'artere,
Il en marqua les mouvemens....
Le fils, plus fçavant que le pere,
Du fein comptoit les battemens.

Mais après mainte conjecture,
Ouvrant les yeux, le vieux Docteur:
» Mon fils, entreprend cette cure;
» Le fiége du mal eft au cœur.

Il n'épuifa pas fon génie
Pour foulager notre tendron:
L'amour étoit fa maladie,
L'amour en fut la guérifon.

ODE V.

LE PORTRAIT.

» PETIT traître, enfant dangereux!
» Dès ce foir purge ma demeure,
» Va faire ailleurs des malheureux;
» Songe à fuir de chez moi fur l'heure.

Le trifte Amour, d'un air foumis,
S'écrie à cet ordre févere:
» Quoi!... nous étions fi bons amis!
» Jadis vous me traitiez en frere.

» Permettez à ce pauvre enfant
» De rester (puisqu'on ne voit goutte)
» Chez vous, cette nuit seulement ;
» Car comment retrouver ma route ?

» Laissez-moi jusqu'au lendemain.
Point de délais : reprends tes armes.
« Vous me donnerez donc la main ?
Pas même pour sécher tes larmes.

Avec son arc & son carquois,
Enfin l'Amour est à la porte,
Et déja je m'applaudissois
D'en avoir agi de la sorte.

L'Amour revient, frappe, & me dit :
» Chacun le sien ; j'ai par méprise,
» (Ton ordre m'avoit interdit)
» Je t'ai pris le portrait de Lise :

» Je ne veux rien avoir à toi,
» Et je reviens pour te le rendre ;
» Le voici : lui-même, ouvre - moi.
D'ouvrir je ne pus me défendre. . . .

C'étoit un tour de mon fripon,
Pour rendre vaine ma colere :
L'Amour lut bientôt son pardon
Sur le portrait de ma Bergere.

ODE VI.

Mes Vers n'ont pas encor, dit-on,
Acquis cette heureuſe harmonie,
Ce charme, ces grâces, ce ton,
Que Catulle apprit de Lesbie.

Je ne connois que le deſir ;
Comment chanter un doux délire ?
Les amours ne touchent la lyre
Que pour célébrer le plaiſir.

Pluſieurs fois j'eſſayai de peindre
D'un baiſer les brûlans tranſports ;
Néris, j'ai fait de vains efforts,
Tu me réduis toujours à feindre.

Souvent, lorſque je veux tracer
Une voluptueuſe orgie,
Ma Muſe prend, ſans y penſer,
Le ton plaintif de l'Elégie.

Loin ces amans préſomptueux
Qui, même avant d'avoir ſçu plaire,
Vantent l'amour de leur Bergere
Dont le cœur ne ſent rien pour eux.

Je publierai par-tout tes charmes,
Et mon amour, & ta rigueur....
Mais ſi tu veux ſécher mes larmes,
Néris, je tairai mon bonheur.

ODE VII.

L'AGE D'OR.

Il fut un temps, ô ma jeune Glycere !
Où la beauté pouvoit plaire fans fard ,
Où le Berger n'avoit qu'une Bergere ,
Où les Amans fçavoient aimer fans art.

Cet heureux temps, hélas ! ne dura gueres :
Il s'appelloit, dit-on, le Siécle d'or :
Quoiqu'on le place au nombre des chimeres,
Nous nous aimons . . . . nous y fommes encor.

ODE VIII.

L'ARITHMÉTIQUE.

Lise, par fantaifie, un jour
Voulut fçavoir l'Arithmétique ;
Rien n'eft étranger à l'Amour :
De tout fçavoir l'Amour fe pique.

Il lui donna donc des leçons :
Life dans peu fut très-habile ;
C'étoit pour elle des chanfons :
L'Amour fçait rendre tout facile.

C iij

Voici comment il s'y prenoit:
Il donnoit trois baifers à Life,
Que Life auffi-tôt lui rendoit,
En évitant toute méprife.

De ces baifers donnés & pris
Chacun tenoit compte fidèle;
L'Amour, des calculs réunis
Offroit le total à la Belle.

S'applaudiffant de ce progrès,
A fon éleve notre efpiégle,
Méditant de nouveaux fuccès,
Démontra la feconde régle.

Il y paffa légérement,
L'Amour n'aime point à fouftraire;
La troifiéme plus amplement
Fut expliquée à l'Ecoliere.

Il voulut tant multiplier,
Que le calcul fut impoffible;
La Belle trouva plus plaufible
De lui donner tout fans compter.

ODE IX.

LE POUVOIR DU BAISER.

LE redoutable arrêt du fort
Etoit porté contre ma vie;
Je paffois des bras de Sylvie
Dans les bras glacés de la mort.

S'offrit alors à ma mémoire
Le petit nombre de mes jours :
Tous étoient perdus pour la gloire,
Mais pas un feul pour les amours.

Avec un peu moins de trifteffe
J'attendois le coup du deftin ;
Car j'efpérois que ma Maîtreffe
Fermeroit mes yeux de fa main.

Elle vint ; je lui dis : ,, Sylvie !
,, Profitons du dernier moment . . . .
,, Viens, embraffe encor ton Amant . . . ,,
Un baifer me rendit la vie.

ÉPILOGUE.

Mon cœur me tient lieu de génie,
Et l'Amour feul infpire mes accens :
Aimer, me faire aimer, eft toute mon envie :
Le plaifir, non la gloire, eft l'objet de mes chants.

Trop heureux lorfque ma Thémire,
Partageant avec moi le trouble de mon cœur,
S'émeut, me regarde, foupire,
Et dit : ,, tu l'as chanté, viens goûter le bonheur.

FIN DES ODES.

A UNE FEMME

Qui aimoit la Parure.

SUR cette superbe toilette,
Pourquoi ces rubans & ces fleurs?
Pourquoi cette brillante aigrette?
Pourquoi ces diverses couleurs?
L'Art embellit peu la Nature,
Et sans elle il est impuissant:
Tu pourrois plaire sans parure;
Vénus étoit belle en naissant.

AUX FEMMES.

L'ARDENT rubis, l'opale tachetée,
Le verd beril, la nacre aux cent couleurs,
Le doux saphir, & la perle argentée,
La soie & l'or, le bel émail des fleurs,
Tous ces présens de la riche Nature,
De l'art aussi tous les rafinemens,
Sexe enchanteur, (quelqu'en soit l'imposture)
Sont à nos yeux de foibles ornemens:
Non, ces trésors, cette magnificence
Ne peuvent pas vous donner des attraits;
Mais vous pouvez charmer à moins de frais:
La plus belle parure est la simple innocence.

IMITATION DU LATIN.

ÉPITAPHE.

DE deux jeunes Amans pleurez les destinées :
Ils s'aimeroient encor.... La Mort passant près d'eux
Calcula leurs plaisirs, sans compter leurs années.
Frappons, dit-elle alors, ils seroient trop heureux.

LA BERGERE DÉSINTÉRESSÉE.

ÉGLOGUE.

UN BERGER.

SI tu voulois m'aimer, Bergere.....

UNE BERGERE.

Eh bien !

LE BERGER.

Ces grands Troupeaux sont tous à moi ;
J'héritai seul à la mort de mon pere :
Si tu voulois m'aimer, ils seroient tous à toi.

LA BERGERE.

Est-ce tout ?

LE BERGER.

Ces immenses plaines
Sont couvertes de mes moissons :
Ces richesses seront les tiennes,
Bergere, si nous nous aimons.

LA BERGERE.

Berger, tu n'as pas davantage?

LE BERGER.

Sur ces rians côteaux qui bordent le Village ;
De Vendangeurs ún peuple entier ;
Chacun armé d'une ferpette,
En répétant la chanfonnette,
Cueille la grappe, & remplit mon cellier :
La plus belle des Vendangeufes
Avec grâces viendroit t'offrir tous les matins
L'élite de mes doux raifins :
Mes récoltes toujours heureufes
Seront à toi, Bergere, uniffons nos deftins.

LA BERGERE.

Eft-ce tout ?

LE BERGER.

Non ! cent vaches marquetées ,
De noir & de feu tachetées ,
En rentrant fous tes yeux pafferont chaque foir ;
Dans l'étable tu peux les voir,
Pas une d'elle n'eft farouche :
Prefqu'auffi doux qu'un baifer de ta bouche ,
Prefqu'auffi blanc que les lis de ton fein,
Un lait pur que tes doigts s'emprefferont de traire,
Dans de nombreux vafes de terre,
Coulera pour toi feule... en me donnant la main.

LA BERGERE.

On m'offre beaucoup plus encore.

LE BERGER.

Mais je fuis cependant (fi j'en crois le renom)

Le plus opulent du Canton.
Que peut-on t'offrir ?... je l'ignore !...

LA BERGERE.

Un cœur !... Le pauvre Hilas pour moi,
Avec le fien, eſt plus riche que toi.

MADRIGAL
Imité de l'Anthologie.

A UN MARI BOITEUX.

TON fils du jeune Amour nous offre la peinture;
Vénus dans ta Moitié trouve ſes traits heureux :
Comme toi, mon ami, Vulcain étoit boiteux :
Ne te plains pas ; le ſort ne te fit qu'une injure.

ÉPIGRAMME.

COnnoiſſez-vous Damis ?... que vous êtes preſſant ?
Il a le corps d'un homme & l'eſprit d'un enfant.

IN-PROMPTU
Sur la perte d'une Montre.

A MADAME D****

LA perte de ma montre eſt un malheur léger;
Près de toi le tems paſſe avec trop de viteſſe :
Mais veux-tu m'en dédommager ?
Fais que dans tes beaux yeux troublés par ma tendreſſe,
Je liſe l'heure du Berger.

LA BERGERE ET L'ENFANT.

DIALOGUE.

LA BERGERE, à part.

QUEL eſt cet enfant ? Il excite ma curioſité.

L'ENFANT, à part.

Voilà une Bergere qui m'examine beaucoup.

LA BERGERE. Quel eſt ton Maître ?

L'ENFANT. Je n'en ai point.

LA BERGERE. Tes parens ?

L'ENFANT. Je ſuis le ſeul de ma famille.

LA BERGERE. A qui dois-tu donc la naiſſance ?

L'ENFANT. A tout le monde.

LA BERGERE. Quel âge as-tu ?

L'ENFANT. Toujours enfant.

LA BERGERE. Où loges-tu ?

L'ENFANT. Dans le cœur.

LA BERGERE. D'où viens-tu ?

L'ENFANT. De ma demeure.

LA BERGERE. Où vas-tu ?

L'ENFANT. J'y retourne.

LA BERGERE. Qu'y fais-tu ?

L'ENFANT. Des heureux.

LA BERGERE. Quelle eſt ta patrie ?

L'ENFANT. L'Univers.

LA BERGERE. Et ton nom ?

L'ENFANT. L'Amour.

Fin des Ouvrages de M. MARÉCHAL.

PORTRAIT

DE ZAIS.

ZAIS eſt un de ces Êtres charmans auprès de qui la raiſon n'eſt point en ſûreté, & qui ſemblent avoir été formés pour troubler le repos des hommes. Sa figure mignonne réaliſe celles que l'imagination ſe plaît à créer. Les Artiſtes n'ont peut-être rien fait de ſi fin, de ſi délicat ; l'Amour ne s'eſt peut-être jamais montré avec tant d'avantage. En vain je voudrois la peindre ; en vain je dirois que ſes traits ſont des plus réguliers ; que ſon teint eſt un mêlange de lis & de roſes ; que deux ſourcils parfaitement deſſinés couronnent ſes beaux yeux, ſes yeux doux & vifs en même-temps, où le ſentiment & la gaîté ſe confondent ; que ſa petite bouche fraîche & vermeille eſt l'organe le plus ſéduiſant : mon tableau n'auroit point les grâces de l'original ; on croiroit voir Zaïs, & on ne verroit que mon tableau.

Le cou de Zaïs attire les careſſes ; il a la blancheur de l'ivoire. Au-deſſous deux jolis globes d'albâtre, imités de ceux de Vénus, & plus attrayans pour moi que leur modèle l'étoit pour les Dieux, s'embelliſſent encore ſous la main de l'Amour. Charmes plus puiſſans ! que ne m'eſt-il auſſi permis de vous peindre ! Le trouble de la volupté feroit palpiter mon cœur ; on ne vous reconnoîtroit pas dans mon ouvrage, on n'y verroit que les déſirs d'un Amant ; mais non : ſéduit par mon objet, je penferois plutôt à en jouir qu'à le décrire.

Celui qui voit Zaïs pour la premiere fois, & ne s'écrie pas qu'*elle eft jolie*, eft un homme fans goût; celui qui n'eft pas ému par le fon de fa voix, eft un homme fans ame; celui que fon fourire n'égaye pas, eft un homme dur; celui qui voyant les foulevemens de fon fein, conferve de l'ordre dans fes idées, n'éprouve pas les plus violens defirs, eft le plus malheureux des hommes.

Ah! ma Zaïs, fi les Dieux qui t'ont faite fi jolie m'avoient auffi accordé le don de te plaire; s'ils avoient mis dans ton cœur quelques étincelles du feu dont le mien eft embrâfé; fi au tendre aveu de mon amour tu répondois par un aveu fincere; fi la jouiffance......
l'Univers s'anéantiroit devant moi; je ne verrois plus que Zaïs, & le plaifir feul me feroit fentir mon exiftence.

SONGE.

APRÈS avoir fait fucceffivement mille fonges agréables, je me trouvai enfin dans une longue galerie où pénétroit un jour foible à travers des rideaux couleur de pourpre; tout y refpiroit le plaifir, tous les fens y étoient délicieufement affectés. Les vives odeurs qui y étoient répandues n'avoient rien d'incommode : l'affortiment des plus belles couleurs y plaifoit fans fatiguer la vue. Un goût délicat avoit difpofé dans une agréable variété les ouvrages de l'Art le plus rafiné. Des Tableaux rians attiroient fur-tout l'attention. D'un côté étoient heureufement peints les yeux enfantins de l'innocence ; de l'autre, on s'étoit efforcé de rendre le bonheur des Dieux & des Déeffes qui n'avoient pas dédaigné de fuivre les loix de l'Amour : quelquefois un voile léger en rendoit l'image moins lafcive.

Dans de petites alcoves, pratiquées à différentes diftances, étoient des lits de repos qui n'invitoient pas feulement au fommeil. Le velours & le fatin fe diftinguoient parmi les étoffes dont ils étoient couverts. Au-deffus s'élevoient avec élégance des dômes moins riches encore que jolis. L'or & la foie y formoient fans confufion les deffeins les mieux entendus : leur contour étoit bordé par des lacs d'amour en pierreries. De-là fe précipitoient avec grâce des rideaux d'un verd tendre ou de couleur de rofe pâle. A chaque fefton qui pendoit en dehors étoit une étoile brillante qui éclairoit foiblement l'alcove. Les réflections combinées de la lumiere faifoient fur les rideaux un effet conforme au

genre de myftere qu'ils devoient recéler. Ce qui m'y
plaifoit davantage étoit une corbeille fufpendue fous le
dôme entre des guirlandes de fleurs , & qui ne fervoit
pas feulement de couronne. Les étoiles de diamans
dont elle étoit relevée faifoit découvrir ce qu'elle ren-
fermoit. C'étoit ce qui peut fervir à rendre aux Amans
heureux les forces perdues au fein de la volupté. Les
flacons de cryftal qui contenoient les plus fines liqueurs ,
les petits pots d'émail où étoient les mets les plus
exquis avoient tous des formes fingulieres : je crois
même qu'ils les prenoient au gré de l'imagination de
celui à qui ils fervoient.

Seul dans cette galerie , j'éprouvois une émotion
qui m'avoit été inconnue jufques-là. Je la parcourois
avec un defir inquiet de connoître les preftiges dont
elle étoit remplie. J'examinois rapidement tout ce qui
s'offroit à ma vue. Je voulois jouir de tout , & je ne
jouiffois de rien. Encore fi celle que j'aime étoit ici,
difois-je en moi-même ; fi elle partageoit mon enchan-
tement ! De quel ufage peut être pour moi ce trône
où je ferois fi bien avec elle ? Cette couronne devroit-
elle être en vain fufpendue ? Et pourquoi ces fecours
me font-ils inutiles ?

Un efpoir flatteur accompagnoit ces regrets. J'aimois
à m'y livrer, lorfqu'aux fons répétés d'une petite cloche
entrerent par couples dans la galerie de jeunes perfonnes
des deux fexes, à qui l'Amour fans doute avoit indiqué
cet afyle. En même-tems une mufique charmante fe fit
entendre dans le lointain. Le trouble qu'elle porta
dans mon ame l'avertit du bonheur qu'elle alloit goûter ; bonheur que je cherchois , mais dont je n'avois
pas l'idée. **Ces**

Ces jeunes gens pafferent devant moi fans m'accorder la moindre attention. J'en fus piqué.... j'avois tort. N'étoient-ils pas affez occupés de leurs amours ? Leurs bras étoient mollement enlacés ; leur démarche étoit lente ; ils s'arrêtoient par intervalle ; leurs yeux exprimoient toute la vivacité des defirs preffans ; leur bouche fourioit, puis elle vouloit parler ; mais l'excès de la paffion ne lui permettoit de rendre que des foupirs.

Leurs careffes mutuelles avoient pour moi quelque chofe d'importun. Je les enviois... Eh ! quel homme n'envie pas les plaifirs dont il voit jouir, & dont il eft privé ! Leur parure uniforme & galante me fembloit auffi trop négligée ; quelques charmes émus d'une jeune fille étoient à découvert ; l'œil avide en cherchoit d'autres à travers les réfeaux d'un voile tranfparent, & la forme féduifante de l'habillement laiffoit peu d'ouvrage à l'imagination.

Je vis les amans fortunés fur le point de n'avoir plus de vœux à faire ; mais leurs amantes lutines fe dérobetent avec adreffe à la témérité de leurs entreprifes. Le même ordre ne régna plus parmi eux, & les plaifirs devinrent communs. Ou l'on formoit des danfes légeres, & alors de voluptueufes attitudes excitoient encore les defirs fufpendus ; ou l'on fe raffembloit en grouppes variés dans des cercles de gradins, alors des jeux innocens donnoient lieu à d'aimables larcins, dont les punitions étoient fi charmantes qu'elles rendoient encore plus téméraire.

Je partageois, malgré moi, la gaîté pure de ces amans ingénus. Si je voyois dans quelques-uns une douce rêverie fuccéder à la joie folâtre, comme eux je rêvois tendrement. A un fignal donné par la plus belle

D

des filles qui avoit préfidé aux jeux avec le plus beau des jeunes gens, on fe fépara par couples, on fe fit de petites agaceries, & on fut infenfiblement entraîné dans les alcoves dont on n'avoit pas encore fait ufage.

Dans ce moment je regrettai d'avoir connu un lieu dont les charmes faifoient mon fupplice. Je ne le regrettai pas long-tems : un petit grouppe de filles plus jolies que celles qui en difparoiffant, m'avoient rendu jaloux, s'avançoit lentement vers moi. Elles parloient à voix baffe & d'un air timide. Je m'apperçus qu'elles craignoient de me tirer de ma rêverie. Elles me regardoient toutes avec un air d'intérêt, & moi j'éprouvois à les confidérer une fatisfaction qui éclatoit fur mon vifage. Je croyois voir dans chacune d'elles celle que mon cœur adoroit en filence. Je les fixois attentivement; elles baiffoient les yeux, les levoient timidement fur moi, me fourioient en rougiffant, & baiffoient encore les yeux.

Objets charmans & craintifs! vous vous arrêtez! Eh! quel fentiment ai-je pu vous infpirer? Si c'eft du plaifir, pourquoi tardez-vous à me l'avouer? Si la répugnance.... ô Ciel! que je ferois malheureux! Mais non : Clarine m'a dit qu'elle ne me haïffoit pas, & tel eft l'état où la met fouvent ma préfence. Si elle étoit parmi vous..... Je voulus fçavoir moi-même.... L'effain léger fe diffipa avec un cri perçant, & la douleur me fit tomber fur un fopha placé devant une glace qui en me répétant, me fit voir le plus affligé des hommes que des Divinités venoient confoler. Je détournai la vue en m'écriant : Clarine, Clarine, tu ne m'aimerois pas auffi! Elle vous aime me dirent les jeunes filles, qui touchées de mon chagrin, étoient venues m'environner; elle vous aime, & nous avons pour vous les mêmes fentimens. Surpris & enchanté de cet aveu inattendu, je voulus en lire la vérité dans leurs yeux; j'y attachai mes regards abattus, & crus n'y découvrir que les fignes de l'amitié. Leurs figures avoient toutes la même expreffion, celle de la joie qu'on veut contenir; leurs différentes poftures me plaifoient également. L'une foutenoit ma tête de fon bras d'une extrême blancheur; une autre me formoit des chaînes avec des guirlandes de fleurs; la plus jeune fe balançoit fur mes genoux, & ferroit mes mains dans fes mains délicates; la plus belle fe penchoit vers moi, comme pour me donner un baifer; mes yeux infidèles quittoient alors fes yeux pour fe repofer fur fon fein demivoilé; elle s'en appercevoit, & pour me punir, me retiroit le baifer; puis, comme fâchée de me l'avoir refufé, elle achetoit fon pardon par mille careffes. Ces artificieufes Syrenes me faifoient oublier qu'il n'y avoit qu'une Clarine; je la voyois toujours dans chacune d'elles, & en leur adreffant tour-à-tour mon hommage, je ne croyois point lui faire une infidélité. Elles lui reffembloient fi bien!

Je m'étois apperçu avec un peu d'inquiétude que plufieurs d'elles s'étoient détachées de la troupe: en s'éloignant, elles formoient un cercle autour de quelque chofe qu'elles fembloient vouloir dérober à ma vue.

Je me levai enfin pour les fuivre, & les trouvai couchées féparément fur les fophas voifins des alcoves. Chacune d'elles inventoit une rufe pour m'attirer: j'y cédois quelquefois, excité par leurs féductions: emporté par le defir, quand je voulois jouir des faveurs qui m'étoient offertes, je ne fçais quel pouvoir inconnu m'arrêtoit & me forçoit d'être inconftant.

Clarine, fans doute, animoit à fon gré tous les objets dont fon amant étoit environné, & le préparoit par degrés aux plaifirs les plus vifs.

Dans l'ennui qui accompagne les jouïffances trop faciles, je m'étois arrêté feul au milieu de la galerie. Je penfois à Clarine ; il me fembloit entendre partout répéter fon nom, & la mufique plus douce m'affectoit plus vivement.

Dans ce moment je vis venir devant moi une jeune fille dont la blanche parure étoit très en défordre, & dont la démarche nonchalante augmentoit les grâces. De petits enfans prefques nuds jouoient avec elle. Les uns relevoient en boucles fes longs cheveux parfumés ; les autres nouoient avec négligence les rubans détachés de fa ceinture, que d'autres plus fins venoient dénouer encore ; plufieurs femoient de fleurs le chemin où elle devoit paffer ; les plus malins lui jettoient des boutons de rofes, rioient de leur action, fuyoient & revenoient à fes genoux ; enfin, les plus tendres & les moins refpectueux lui donnoient mille baifers qu'elle leur rendoit. Elle portoit une corbeille pleine de fruits dont elle leur faifoit des préfens. Je la vois de plus près. Dieux ! Qu'elle eft jolie ! De vives couleurs animent fon vifage ; elle approche de fa petite bouche vermeille la feule pomme d'api qui lui refte, & dont les nuances, comparées à celles de fon teint, perdent leur éclat. Cruels enfans ! Pourquoi vos jeux retardent-ils le plaifir que j'aurai fi elle vient jufqu'à moi.... Mais fi je la prévenois ! Oh ! non : je crains même que ma préfence l'effraye. Elle paroît timide. Heureux enfans ! comme elle fe plaît à vous voir ! Que je fouhaiterois être un de vous ! Viens, la plus aimable des filles ;

c'eſt toi qui reſſemble le plus à Clarine ; mais comme elle ſemble émue ! ... Je ſuis ému auſſi. ... O Ciel ! ... Oui ! .... c'eſt Clarine ! .... Elle ſe précipite dans mes bras, tout diſparoît, nous reſtons ſeuls devant la plus brillante des alcoves.

Quel bonheur pour moi de te trouver ici ! O Clarine! je n'y deſirois que toi ; toi ſeule occupois toutes mes affections. Et mes compagnes, dit-elle en ſouriant ? — Tes compagnes ! Clarine, crois-tu que je les euſſe trouvées ſi aimables, ſi je n'euſſe vu dans elle ton image. — Non, mon ami , je n'ignore pas tes ſentimens pour moi , & je te ſçais bon gré de ceux qu'elle t'ont inſpiré. C'eſt de moi qu'elles poſſédoient ces charmes qui te ſéduiſoient ; je voulois t'éprouver ; je t'ai ſuivi partout ; je n'ai pas perdu une ſeule de tes paroles ; le moindre de tes mouvemens ne m'a pas échappé, & ta tendreſſe m'eſt connue. Cachée au milieu de mes compagnes, que n'as-tu été le témoin du trouble avec lequel je t'ai entendu prononcer mon nom ! Que n'as-tu connu ce qu'il m'en a coûté pour ne pas me jetter dans tes bras. —— Ah ! c'eſt moi plutôt qui ſerois volé dans les tiens, Clarine ! Quoi ! je ne te ſuis pas indifférent ! Tu m'aimes ! Tu ne crains pas de me faire l'aveu de tes ſentimens ! Fille charmante ! Dis - moi encore que je ne t'aime pas en vain. Pour toute réponſe elle me fit mordre à la pomme qu'elle avoit déja mordue, puis paſſant ſon bras autour de mon cou, elle retira la pomme & mit ſa bouche à la place. Rendu foible par l'accès du plaiſir, à peine je pouvois reſpirer ; un feu violent ſe gliſſoit inſenſiblement dans mes veines. Clarine étoit renverſée ſur mon ſein ; je la preſſois contre mon cœur ; je ſentois les battemens

du sien redoubler. Agités par de doux frémissemens,
nous ne pouvions que prononcer d'une voix éteinte
quelque mots interrompus par des soupirs. Le désor-
dre de mon amante, ses naïves caresses; les charmes
du lieu solitaire où nous étions; le pouvoir d'une musique analogue à notre situation; cet air parfumé, ces
demi-jours, ces rideaux d'un verd pâle, qui entr'ouverts
nous font voir les plus belles inventions de l'amour;
tout concouroit pour me plonger dans une extase vo-
luptueuse. J'étois épuisé par de violentes sensations;
mes yeux troublés s'attachent aux yeux languissans de
ma Clarine, & leur voyent répandre ces larmes dé-
licieuses, prélude du triomphe d'un amant. Une vive
émotion flétrissoit les roses de son teint, qu'un mou-
vement contraire ne tardoit pas à ranimer. Abandonnée
à l'excès de ses feux, elle sembloit partager mon ardeur; mais si peu satisfait d'avoir reçu par des baisers brûlans le prix de mes baisers répétés, je lui
disois : » Clarine, Ah! ne retarde plus le bonheur de
» celui qui veut faire le tien. » Une rougeur subite
coloroit son aimable front; elle paroissoit regretter les
foibles, mais précieux gages de sa tendresse, & vouloit se refuser entièrement à mes transports. —— Non,
ma bien-aimée, je ne veux rien devoir à l'empor-
tement de la passion qui m'agite; je t'aime trop pour
ne pas obéir à ton impérieuse volonté; mais pourquoi?
Ah! pourquoi, Clarine, ne pas jouir des biens que l'amour
n'offre peut-être qu'une fois, & qu'il refuse ensuite à ceux
qui les ont négligés? Cher Amant, dit - elle, tu possèdes
mon cœur: Eh! que peux-tu désirer encore? Ta Clarine te sera-t'elle plus chere pour t'avoir montré plus
de foiblesse? Va, les douceurs de l'amour ne sont pas

où tu les foupçonnes; crois, mon ami, crois que rien
ne peut ajouter à la félicité dont nous jouiffons en ce
moment. . . . Quelle erreur t'abufe, ô Clarine : Eft-ce
dans l'abandon de nous-même, dans le défordre de toutes nos facultés que nous pouvons connoître le degré
où l'amour doit s'arrêter pour être parfaitement heureux. Le plaifir que je goûte dans tes bras m'empêche
d'avoir l'idée d'un plus grand plaifir; mais je fçais, oui,
Clarine, je fçais qu'il exifte; laiffe-moi tenter le moyen
d'y arriver. Je fis alors de nouveaux efforts pour l'en-
traîner tout-à-fait dans l'alcove où nous étions un peu
entrés fans nous en être apperçus. Sa réfiftance devint
moins opiniâtre. Si je feignois de m'y rendre, c'étoit
pour mieux favourer les faveurs enivrantes dont elle
récompenfoit mon obéiffance incertaine. Un lin incommode ne couvroit plus qu'à demi des charmes
que le jour n'avoit pas encore éclairés, & que Clarine
défendoit foiblement. Elle me fourioit encore avec
timidité. Son touchant embarras, fa rougeur naïve,
fon aimable langueur irritoient des defirs que je ne
pouvois plus contenir. Sa voix tremblante me faifoit
les reproches les plus tendres, me donnoit les noms
les plus doux. Ses regards étoient voluptueux, les
foulevemens de fon fein étoient plus précipités, &
fon cœur palpitoit avec plus de force.

Je touchois au moment de mon triomphe : il fût
marqué par Clarine même. Sois heureux, dit-elle, ô
le plus paffionné & le plus aimable des hommes, &
que je fois auffi heureufe par toi ! Mais, hélas ! quand
tu n'auras plus rien à defirer, tu ne m'aimeras plus;
non, mon ami, tu ne m'aimeras plus.

Je voulus la raffurer contre un foupçon fi injurieux;
mais je ne pus que la preffer davantage fur mon cœur,

& imprimer mes lévres actives sur ses lévres brûlantes. Enfin elle tomba sur le lit préparé par les mains des Amours, où je devois éprouver ce que la volupté a de plus piquant. Un cri de Clarine fut le signal de mon bonheur, & ce cri fut répété au loin.

Amour! ne crains pas que je révéle les mysteres auxquels tu ne m'as initié qu'en songe, & qu'un réveil trop prompt est venu terminer. Je ne veux point exposer à des yeux profanes un tableau dont toi seul peut faire connoître les beautés. Je te rends un culte délicat. O Amour! tu me dois un prix, & tu sçais ce qui manque à mon bonheur.

ENVOI A CLARINE.

C'EST ainsi, Clarine, que par de frivoles peintures, je donne le change à mes violens desirs. Puissent ces peintures t'émouvoir! Puisse l'impression qu'elles laisseront dans toi te disposer à couronner un amour nourri dans le silence. Si tu le partages, si nos cœurs peuvent s'entendre un jour, nous serons heureux sans le secours du luxe & des vains rafinemens de l'art : nous ne serons pas dans une galerie magique, mais au milieu d'un joli paysage. L'Amour seul nous y accompagnera. Au lieu d'une brillante alcove, nous trouverons un berceau champêtre; au lieu d'un lit somptueux, nous aurons un siége de gazon fleuri; pour musique, les chants des oiseaux ; pour odeurs, celles d'un buisson de roses ; & pour nous rafraîchir, les fruits suspendus au-dessus de nous. Alors, Clarine, si tu doutois de ma fidélité,.... Mais tu n'en douterois pas.

FIN.